Ernst Gehmlich

Erziehung und Unterricht im 18. Jahrhundert nach Salzmanns Roman "Karl von Karlsberg."

Ernst Gehmlich

Erziehung und Unterricht im 18. Jahrhundert nach Salzmanns Roman "Karl von Karlsberg."

ISBN/EAN: 9783742866097

Hergestellt in Europa, USA, Kanada, Australien, Japan

Manufactured and distributed by brebook publishing software (www.brebook.com)

Ernst Gehmlich

Erziehung und Unterricht im 18. Jahrhundert nach Salzmanns Roman "Karl von Karlsberg."

Erziehung und Unterricht

im

18. Jahrhundert

nach

Salzmanns Roman »Karl von Karlsberg«.

Von

Dr. **Ernst Gehmlich**.

Pädagogisches Magazin. Heft 42.

Langensalza,
Druck und Verlag von Hermann Beyer & Söhne.
1894.

Um die Ideen der Aufklärung in weitere Kreise zu tragen, veröffentlichte Salzmann in den Jahren 1783 bis 1788 den sechsbändigen Roman »Karl von Karlsberg oder über das menschliche Elend«. Er will darin dem Leser zeigen, daſs es bei aller Aufklärung doch noch unbeschreiblich viel Elend und Jammer auf der Erde gebe, und will ihn zugleich überzeugen, daſs dieses Elend nur eine Wirkung des menschlichen Unverstands, insbesondere der unvernünftigen bürgerlichen Verfassung sei. »Ich glaube«, heiſst es einmal (I, 182), »daſs Gott die Menschen gut gemacht, und sie zur Glückseligkeit bestimmt hat. Unsere bürgerliche Verfassung ist aber so eingerichtet, daſs der Mensch dadurch immer in solche Lagen gedrängt wird, wo er notwendig böse werden, und sich elend machen muſs«. Da eben der Grund alles Elends nicht in der menschlichen Natur, sondern in der bürgerlichen Verfassung liege, so sei auch die Möglichkeit vorhanden und die Hoffnung berechtigt, daſs das menschliche Elend einmal gehoben werde. So muſs sich denn nun der Staat alle Miſsstände aufbürden lassen; wird er doch sogar dafür verantwortlich gemacht, daſs nicht jeder Staatsbürger etwa mit 25 Jahren in der Lage sei, sich zu verheiraten. Und neben dieser entschieden zu weit gehenden Anklage spricht sich beständig der naive Glaube aus, daſs eine von den Ideen der Aufklärung durchdrungene Verfassung allem Elende ein Ende machen könne. Daſs es in jedem Staate ebensosehr wie auf die Verfassung auf die Personen ankomme, die die Bestimmungen jener ausführen, daſs ein Staat mit einer weniger guten Verfassung sich unter Umständen eines höheren Wohlstandes erfreuen könne als ein anderer mit den vollkommensten Einrichtungen, das war dem 18. Jahrhunderte noch ein Geheimnis.

Salzmann will seine Lehren in angenehmer, unterhaltender Form darbieten, er kleidet sie daher in das Gewand eines Romans. Der Gang der Handlung ist kurz folgender: Ein junger, nach den Grundsätzen der Aufklärung erzogener Adliger, Karl von Karlsberg, bezieht die Universität in Grünau. Hier verliebt er sich in Henriette Helwing, die Tochter des Amtsschreibers in Koldingen, und er faſst den Entschluſs, das Mädchen, obgleich es bürgerlich sei, zu heiraten. Freilich stellen sich der Ausführung seines Planes viele Hindernisse entgegen. Um Henriette wirbt nämlich auch der alte, verwitwete Hofrat Grimlein, dem der Amtsschreiber Helwing auf das Angebot einer einträglichen Amtmannsstelle hin seine Tochter gern geben will. Henriette sieht sich vor die schwere Wahl gestellt: sollst du, um das Glück deines Vaters zu befördern, einem dir verhaſsten Manne die Hand reichen, oder sollst du der Stimme deines Herzens folgen, aber deinen Vater bis an sein Ende darben sehen? Schon hat sie beschlossen, ihrem Vater zu gehorchen, da wird sie plötzlich aus ihrer schmerzlichen Lage erlöst, ihr Vater erhält ohne Grimleins Zuthun eine Amtmannsstelle. Eine Freundin Henriettens, die Braut eines früh verstorbenen Verwandten Helwings, die als Gesellschafterin der aufgeklärten Prinzessin am Hofe verweilt, hat diese Entscheidung bewirkt. Helwings Widerstand gegen die Verheiratung seiner Tochter mit Karl von Karlsberg ist nun gebrochen. Aber doch steht dieser noch ein Hindernis im Wege. Der Adelsstolz von Karls Mutter bäumt sich heftig auf gegen eine Verbindung ihres Sohnes mit einer Bürgerlichen. So sehr auch ihr Bruder, der frei und vorurteilslos denkende Oberst von Brav, Karls treuer Berater, auf sie einwirkt, um sie zur Zustimmung zu Karls Heirat zu bewegen, sie bleibt bei ihrem Widerspruche. Endlich giebt sie zum Scheine ihre Einwilligung, indem sie hofft, den Plan ihres Sohnes durch Intriguen doch noch zu hintertreiben. Der Oberst von Brav merkt diese Absicht und bestimmt Karl, sich sofort auf das wenn auch nicht ehrlich gemeinte Wort seiner Mutter hin mit Henrietten zu vermählen. Mit der Schilderung der in freier Natur gefeierten Hochzeit schliefst der Roman. Der Inhalt desselben erinnert uns lebhaft an Schillers »bürgerliches Trauerspiel« Kabale und Liebe, das zu gleicher Zeit (im Jahre 1784) erschien. Salzmann kämpft wie Schiller gegen das Vorurteil, nach dem es für einen Adligen entehrend sein solle, eine Bürgerliche zu heiraten. Salzmann aber zeigt, wie Karl und Henriette die Intriguen eines hochmütigen Adels überwinden, Schiller, wie Ferdinand von Walter und Luise Miller daran zu Grunde gehen.

Den weitaus gröfsten Teil unseres Romans nehmen indessen Schilderungen der verschiedensten Mifsstände in Anspruch. Namentlich in der zweiten Hälfte ist von dem, was die Haupthandlung ausmacht, nur noch wenig die Rede; denn jene ist ja bereits im dritten Bande schon ziemlich bis zur Lösung des Knotens geführt. Karl von Karlsberg ist ein Roman in Briefen. Diese Gattung von Romanen, die schon von Richardson und Rousseau gepflegt ward, hatte durch Goethes Werther aufserordentliches Ansehen gewonnen, und so kam Salzmann dem Geschmacke seiner Zeit entgegen, wenn er seine Ideen in die Form eines Briefwechsels kleidete. Freilich wird Salzmann durch diese Art der Darstellung zu um so gröfserer Breite und zu mancher Unnatürlichkeit verführt. Oder ist es natürlich, d. h. psychologisch wahr, wenn Liebende einander in ihren Briefen die sozialen Nöte ihrer Zeit schildern, sich über theologische Streitigkeiten unterhalten u. s. w.? Die Sprache ist durchaus prosaisch, was man von einem Manne, der den gesunden Menschenverstand wieder zu Ehren bringen will, kaum anders erwarten kann. Zuweilen ist sie aber noch mehr als blofs prosaisch, sie verfällt oft ins Niedrige, Geschmacklose, Häfsliche. Zum Beweise dafür nur folgendes Beispiel: »Mir kommt das menschliche Leben immer vor wie eine Mahlzeit, wo alle Gäste gut bewirtet werden, jeder seine Schüssel voll Suppe, Potage, Pastete u. dgl. vor sich hat. Es ist alles gut zubereitet, nur dafs in jeder Schüssel ein Büschlein Haare liegt, so dafs während dem Genusse immer die Haare zwischen die Zähne kommen, und man immer gern den ganzen Mund voll ausspuckt, damit nur die Haare mit heraus kommen. Und wenn man auch bisweilen einen Bissen geniefst, der ohne Haare ist, so verderbt doch immer das Andenken an die vorigen Haare, und die Besorgnis, neue Haare zu finden, den Appetit« (II, 93) u. s. w. Auf den Namen eines Kunstwerks kann Salzmanns Roman somit weder seinem Inhalte noch seiner Form nach Anspruch erheben, und die Geschichte der schönen Litteratur schweigt daher über ihn oder erwähnt ihn doch nur, um ihn abfällig zu beurteilen.[1] Seine Bedeutung liegt auf kulturhistorischem Gebiete; denn für die Kenntnis der geistigen, sittlichen und sozialen Verhältnisse des 18. Jahrhunderts bildet er eine wertvolle Quelle.[2] Uns interessiert besonders, was er über das Erziehungs- und Unterrichtswesen des 18. Jahrhunderts berichtet, und wir versuchen, dies alles im folgenden zu einem einheitlichen Bilde zu verarbeiten.

Die erste Erziehung des Kindes liegt der Mutter ob. Dafs diese edle Aufgabe von den Müttern seiner Zeit ganz vernachlässigt werde, ist eine stehende Klage Salzmanns.

---

[1] Wohl am schärfsten spricht sich *Gervinus* über »Karl von Karlsberg« aus (Geschichte der deutschen Dichtung, 1. Aufl. V, 352): »Welch ein Werk ist Salzmanns Karl von Karlsberg (1783), das geduldige, tolerante, unendlich breite, triviale, und deklamierende Seitenstück zum Faustin oder Belphegor, das alles Elend gutmütig aufzählt, was bei aller Aufklärung noch die Welt überdecke! und doch hatte dies Buch ein ungeheures Publikum durch seinen populären Stil, und der Verfasser ward flehentlich um die Fortsetzung gebeten, und mit sehr bedeutendem Honorare ermutigt.« — Die Xenien bieten dem Verfasser des »Karl von Karlsberg« einen Platz in der Charité an.

[2] Als solche auch bereits verwertet von dem Leipziger Historiker *Wenck* in seinem trefflichen Buche »Deutschland vor 100 Jahren«.

Die meisten Frauen, führt er aus, sind durch den Einfluſs ihrer widernatürlichen, den Körper verbildenden Kleidung völlig unfähig geworden, gesunde Kinder zu gebären und sie selbst zu nähren. Insbesondere gilt dies von den Frauen der gebildeten Stände. In ihren Augen ist die Erfüllung der ersten Mutterpflichten etwas Gemeines, Pöbelhaftes, sie unterlassen sie daher mit Bewuſstsein und machen sich mit Absicht dazu unfähig. Karls Mutter wird uns als eine Repräsentantin solcher Anschauungen vorgeführt. Karl hat ihr, ein echter Sohn der Aufklärung, zum Lobe seiner Auserwählten geschrieben: »Und (sie) ist so gesund, so munter, daſs ich mir mit Recht von ihr lauter frische und lebhafte Kinder versprechen kann. Ihr Leib wurde nie durch eine Schnürbrust zusammengepreſst, und wird also Platz genug haben, daſs Ihre Enkel darinne sich bilden können. Daſs ein so gesundes Mädchen auch gesunde Milch zur Stillung ihrer Kinder haben werde, zweifle ich im geringsten nicht.« Diese Eigenschaften Henriettens sind aber der Mutter Karls nur Mängel, von denen eine adlige Frau unbedingt frei sein muſs. »Du schreibst mir da«, antwortet sie zornig, »von der Gesundheit der Jungfer. Was das nun für albernes Zeug ist! Was fragt denn der Adeliche nach Gesundheit, wenn er sich verheyrathen will? Ahnen und Geld muſst du suchen, wenn du eine Mariage treffen willst, aber nicht Gesundheit. Gesundheit mag der Bürger und der Bauer schätzen, der kein gröſser Gut kennt. Wer aber Ahnen hat, dem ist Gesundheit ein Bagatell. Es läſst überhaupt für eine gnädige Frau nicht[1]), wenn sie zu gesund ist. Das ist bäurisch. Blasse Farbe und matte Augen, das geziemt sich für adeliche Damen. Du rechnest sogar auf ihre gesunde Milch! habe ich doch meine Tage so einen Pinsel nicht gesehen. Keine Kaufmannsfrau säugt ihr Kind mehr, und die Adelichen sollten es thun? bersten möchte ich über solches elende bürgerliche Geschwätz.

---

[1]) Es steht ihr nicht.

Die Kühe und Bäuerinnen, die stets um die Kühe sind, mögen ihre Jungen selbst stillen, aber für Personen von Extraction ist so eine viehische Gewohnheit Schande« (II, 209). Wie Karls Mutter ist auch die freche, kokette Frau des Universitätsprofessors Ribonius der Ansicht, dafs es für die Damen der höheren Stände nicht schicklich sei, ihre Kinder selbst zu nähren und zu pflegen. Sie überläfst ihr Kind einer gewissenlosen Wärterin und giebt sich unbesorgt um dasselbe allen Vergnügungen hin. Dabei geschieht es, dafs sie sich auf einem Balle aufs angenehmste vergnügt, während ihr verlassenes Kind krank zu Hause liegt und nur durch die Hilfe einer in der Nähe wohnenden Frau aus niederem Stande vom sicheren Tode gerettet wird. Auf die Frage, warum sie ihr Kind nicht selbst nähre, antwortet sie: »Glauben Sie denn, dafs ich eine Bauerstochter bin, dafs ich mich selbst mit kleinen Kindern befangen soll? Ein Frauenzimmer von meinen Jahren und von meinem Stande soll ihre beste Kraft durch Kinder wegsaugen lassen?« (I, 84). Über Karl von Karlsberg, der ihr wegen der Verletzung ihrer Mutterpflichten die heftigsten Vorwürfe macht, spottet sie: »Sie werden einmal ein recht guter Vater werden, der sich nie die Wollust versagen wird, seine Kinder selbst zu säubern und zu wiegen. Ich wünsche Ihnen eine Frau, die Ihrer werth ist, und die von ihrem Busen weiter keinen Gebrauch zu machen weis, als ihn von Kindern zerkratzen und verunreinigen zu lassen« (I, 86). Karl aber verachtet sie als ein Frauenzimmer, »das die Gesetze unter die Füfse tritt, die selbst dem Wilden heilig sind«. In der Frau von Rosewitz stellt uns Salzmann eine Dame vor, die aus Besorgnis, dafs ihre Frisur in Unordnung gebracht werden könne, ihr Muttergefühl erstickt und ihr Kind auf eine unnatürliche Art von sich entfernt. Einst streckte ihr Kind brünstig die Ärmchen nach ihr aus. Sie nahm es gleichgültig auf den Arm, das Kind betrachtete mit grofsen Augen die Frisur, streckte seine Händchen aus und griff nach einer Locke. Da aber stieg der Mutter das Blut zu Gesicht, sie schlug das Kind auf die Hand und schalt es: »Du kleine Bestie!« Mit jämmerlicher Miene wandte sich das Kind von der grausamen Mutter weg zur Amme. »O das Spielen eines Kindes an den Haarlocken der Mutter«, so ruft Salzmann aus, »es ist wahrlich mehr werth, schafft mehrere Herzensfreuden als aller Firlefanz, den die Pariserinnen, die vielleicht nie Mutterfreuden fühlten, zu uns gebracht haben. — Ich wollte auch, daſs Seelenmaler Chodowiecki den traurigen Auftritt gesehen hätte, ihn gruppirte, und allen deutschen Müttern zur Beherzigung vorlegte« (I, 271). Mancher Frau auch ist ihr Hund Gegenstand gröſserer Sorge als ihr Kind. Die Frau Amtmann in Troppenheim trägt bei ihrem Ausgange ihr Bologneser Hündchen in der Saloppe, während sie sich ihr Kind durch die Amme nachtragen läſst; denn sie glaubt, »einen Hund zu tragen, lieſse vornehm, und sein Kind zu tragen, wäre pöbelhaft« (V, 127).

Soweit man aber nun doch von einer häuslichen Erziehung reden kann, ist diese weiter nichts als eine beständige Bemühung, den Verstand und die Kräfte der Kinder zu lähmen. Wenn sie erst kriechen und dann gehen lernen wollen, so hängt man sie an ein Gängelband, wenn sie laufen wollen, so befiehlt man ihnen, langsam zu gehen, wenn sie springen und klettern, bekommen sie die Rute (II, 18). In der denkbar unvernünftigsten Weise zieht der Pfarrer in Friedrichsleben seine Kinder auf: Als ihn Karl von Karlsberg einmal besucht, ist in der Pfarre groſse Aufregung: die Kinder haben Purgiertag. Sie stehen in bloſsen Hemden da und erheben ein klägliches Jammergeschrei, sobald sie ihren Vater mit der Arzenei in die Stube treten sehen. Mit heftigen Drohungen, mit Ohrfeigen und Rutenschlägen bringt der Pfarrer die Kinder dahin, daſs sie einen Löffel von dem widerlichen Tranke einnehmen, gegen den sich ihre Natur empört. Nachdem darauf die Kinder in die Betten gebracht und Nachtstühle in die Kammer gestellt worden sind, beginnt der Pfarrer gegen Karl zu klagen: »Mein Haus ist ein wahres Hospital, das eine Kind hat Kopfschmerzen, das andere Zahnschmerzen, das dritte triefende Augen — und ich — ich habe auch meine Plage an meinem Leibe. — Wir bezahlen jährlich zwischen vierzig und funfzig Thaler an den Apotheker, wir sehen sorgfältig darauf, daſs keine harten und unverdaulichen Speisen auf unsern Tisch kommen, wir lassen alle Abende das Schlafzimmer heizen, und versehen die Kinder noch überdieſs mit Nachtkappen und Nachtmützen, wir verstatten ihnen niemals eine heftige Bewegung, und erlauben ihnen nicht eher auszugehn, als wenn der Himmel heiter und die Luft gelinde ist. Sehn Sie, lieber Herr! das thun wir alles, und sie sind doch nicht gesund.« Darauf entspinnt sich zwischen Karl und dem Pfarrer folgendes interessante Gespräch:

Karl: Auf diese Art sahen ihre Kinder wohl noch nie die Sonne aufgehen?

Pfarrer: Niemals. Es sind ja zarte Kinder, die man doch wenigstens bis acht Uhr muſs transspiriren lassen.

K.: Hörten auch wohl nie des Abends den Schlag der Nachtigall?

Pf.: Doch ein paarmal, da die Abende vorzüglich warm waren. Denn sonst, sonst verwahre ich sie vor der Abendluft sehr sorgfältig, da ich ihre Schädlichkeit kenne.

K.: Aber Veilchen und Schlüsselblumen zu pflücken erlauben Sie ihnen doch wohl?

Pf.: Nicht wohl. Sie wachsen im Frühlinge, und in dieser Zeit steigen sehr giftige Dünste aus der Erde.

K.: Also auch wohl nicht das Ballspiel?

Pf.: Ballspiel! ist ein gefährliches Spiel, man kann sich dabey gar zu leicht erhitzen.

K.: Und noch weniger, daſs sie Schneemänner machen, und auf dem Eise glitschen dürfen?

Pf.: Bewahre Gott! wie könnte ich das zugeben? könnten sie sich nicht erkälten oder ein Bein zerbrechen? Nein, mein Herr! ich kenne die Vaterpflicht, und werde die Kinder, die mir Gott anvertraut hat, nie unnöthiger Gefahr aussetzen.

K.: Aber was haben denn da ihre Kinder für Vergnügen auf der Welt?

Pf.: Nun dafür sorge ich schon. Sie haben ein paar Schachteln voll bleyerne Soldaten, ein Spiel Würfel; vorige Woche habe ich ihnen ein paar Gaukelmännerchen gekauft. Da vertreiben sie sich immer die Zeit damit, und zwar ohne alles Lärmen und Geräusche.

K.: Aber Sie sprachen ja auch von unverdaulichen Speisen, die Sie ihnen nicht zu geniefsen erlaubten. Was sind denn das für Speisen?

Pf.: Deren giebt es viele, sehr viele, besonders für die zarten Magen der Kinder. Z. E. Milch, die wird lauter Schleim, Obst, das verursacht Säure, alle gesalzne, saure, geräucherte Speisen.

K.: Und wenn die Kinder diefs alles nicht essen dürfen, was essen sie denn sonst?

Pf.: Nun dafür sorgt die gute Mutter. Ein Suppchen, Spargel, Spinat, Kalbfleisch, Hüner, Tauben; es giebt ja, Gott Lob! noch allerhand, woran Schwache sich erquicken können.

K.: Nun, mein lieber Herr Pfarrer! ich glaube es, dafs in ihrem Hause das Elend wohne. Menschen, die aus dem grofsen Freudenmeere, das Gott schuf, nichts zu geniefsen trauen, die den Sonnenaufgang und des Frühlings balsamische Düfte scheuen, die des Herbstes Überflufs wie Gift betrachten, die nur zu leben scheinen, um zu leiden, zu schwitzen und zu purgiren, die sind doch wohl elend zu nennen (I, 235 fg.).

Eine treue Mutter und vernünftige Erzieherin lernen wir in der Frau des aufgeklärten Diakonus Rollow in Grünau kennen. Ihre Kinder sind ihr das höchste Gut. Niemals nimmt sie an Vergnügungen und Gesellschaften teil, weil dann nur ihr Körper bei der Gesellschaft, ihr Herz aber bei den Kindern sei; niemals vertraut sie ihre Kinder ihrer Magd an, der sie nicht einmal in die Speisekammer einen Einblick gestatten möchte; mufs sie verreisen, dann sorgt sie sich beständig um ihre Kleinen und sie ermahnt ihren Gatten in ihren Briefen unablässig, ja recht auf die Kinder zu achten; sie läfst den Kindern gern Freiheit im Spiele, mag es dabei zuweilen auch einmal laut zugehen und in der Kinderstube etwas unordentlich aussehen; sie leitet ihre Kinder an, dem Vater zum Geburtstage ein kleines Angebinde zu arbeiten; sie sieht es aber gar nicht gern, wenn ihre Kinder um ihres freundlichen und gesitteten Wesens willen gelobt werden. So stellt Salzmann den zahlreichen Beispielen verkehrter Erziehungsweisen eine musterhafte Erziehung gegenüber.

Sind die Kinder der vornehmen Familien soweit herangewachsen, dafs mit ihrer geistigen Ausbildung begonnen werden möchte, so tritt der Hofmeister sein Amt an. Der Graf Morgasky erwählt sich zur Erziehung seines Sohnes einen jungen, geschickten Mann, der fast alle Schriften der neueren Pädagogen gelesen hat. Nur schade, dafs er von seinem pädagogischen Können und Wissen keinen Gebrauch machen darf. Der Vater giebt ihm beim Antritte des Amtes eine Encyklopädie, die den Inbegriff aller Wissenschaften darstelle, und befiehlt ihm, das Buch in ordentliche Pensa einzuteilen und zu sorgen, dafs der junge Graf täglich sein Pensum lerne. Der Hofmeister stellt bescheiden vor, auf diese Weise werde er wohl den Grafen dahin bringen, dafs er recht viel zu wissen scheine, im Grunde werde er aber nichts lernen. Indessen der Vater entgegnet, dafür solle nur der Hofmeister ihn selbst sorgen lassen. Und dieser fügt sich in die nach seinem Gefühle schädlichen und ungereimten Anordnungen; gewährt ihm doch der Graf einen hohen Gehalt und verspricht er ihm doch, ihn zu einem Amte zu befördern, sobald er seine Aufgabe als Hofmeister werde erfüllt haben. Dem jungen Grafen gegenüber aber thut man alles, was ihn glauben machen kann, sein Erzieher sei ihm nur zur Bedienung beigegeben. So oft der Hofmeister den Knaben mit in eine Gesellschaft nimmt, drängt sich der ganze Adel um diesen, sagt ihm allerhand Schmeicheleien, während er seinen Lehrer über die Achsel ansieht.

Ja wenn Festlichkeiten für den Adel gegeben werden, darf wohl der junge Herr Graf, nicht aber sein Hofmeister daran teilnehmen. Straft der Hofmeister seinen Zögling, versagt er ihm etwa das Frühstück oder die Abendmahlzeit, so läuft dieser lächelnd zu seiner Mama oder zum Kammerdiener und empfängt in der Regel noch mehr als gewöhnlich. Als einmal Karl von Karlsberg mit seinem ehemaligen Lehrer, dem Feldprediger Wenzel, bei dem Grafen Morgasky speist, wird mit dem Söhnchen vor der Gesellschaft eine Parade gehalten. Nach Tische nämlich drängt sich alles um den jungen Grafen, sagt ihm Schmeicheleien, legt ihm Fragen vor und bewundert seine Antworten. Vater und Mutter sehen dies mit hoher Befriedigung. Der Feldprediger Wenzel aber ist kaum im stande, seinen Unwillen über dies unpädagogische Verfahren zu verbergen. Nach einiger Zeit fordert der Vater den Hofmeister auf, mit dem jungen Grafen ein kleines Examen anzustellen. Dieser bekommt nun Gelegenheit, »den ganzen Vorrath von Tönen, die er nachlallen gelernt hatte, vor der ganzen Versammlung auszukramen«. Das Examen beginnt mit Naturgeschichte, und der junge Graf betet das ganze Linnésche System her, weifs die Namen und Merkmale aller Klassen anzugeben. Karl bewundert anfänglich die Leistung des Knaben, wird aber von Wenzel belehrt, dafs das nichts als Starengeschwätz sei. Der junge Graf, führt Wenzel aus, sei ganz gewifs nicht im stande, in der Natur eine Pentandria, Hexandria oder Heptandria aufzusuchen, er habe die Merkmale der Klassen nicht selbst aus der Vergleichung einzelner Pflanzen gewonnen, sondern sie blofs mechanisch auswendig gelernt, er habe nicht einmal ordentlich sein Gedächtnis geübt; denn diese Übung sei auf Unkosten des Verstandes und des Scharfsinnes geschehen. Der Hofmeister prüft den jungen Grafen ferner in der Geographie und giebt diesem Veranlassung, von den merkwürdigsten Ländern und Städten zu plaudern. Aber auch damit ist der Feldprediger Wenzel nicht zufrieden; denn er ist fest überzeugt, dafs der Knabe nicht einmal die Dörfer und Städtchen kenne, die um seinen Wohnort herum lägen. Die genaue, auf Beobachtung beruhende Kenntnis der Heimat werde, so meint er, dem Knaben mehr nützen als die Benennung und Beschreibung von tausend Dingen, die er nicht gesehen habe. Während so Wenzel seine Bemerkungen macht, plaudert der junge Graf vom englischen Parlamente. Jetzt kann Wenzel nicht mehr an sich halten, er faßt lächelnd des jungen Grafen Hand und spricht: »Sie reden hier vom Englischen Parlamente! ich habe immer wissen wollen, was denn das eigentlich sey? Können Sie mir es nicht sagen?« »Je was wird es denn seyn«, antwortet der Knabe, »ein Parlament ist halt ein Parlament.« Die ganze Gesellschaft lacht dieser Antwort ihren Beifall zu. »Ja, das weiß ich wohl«, fährt der Feldprediger fort, »daß ein Parlament ein Parlament ist. Aber ich möchte doch so recht wissen, was ich mir dabey vorstellen sollte, ob ich mir einen Menschen, oder eine Maschine, oder was, dabey denken sollte.« Der Graf erwidert: »Je es ist halt ein schön groß Haus von 2 Etagen; die obere heist das Oberparlament, und die untere das Unterparlament.« Der Feldprediger wendet nun aber ein: »Ja nun höre ich aber, daß der König ohne Einwilligung des Parlaments nichts wichtiges thun könne. Wie soll ich denn das zusammenreimen? Wie kann denn ein Haus seine Einwilligung zu etwas geben?« Der Graf wird rot und schweigt verlegen. Endlich tritt Karls Mutter für ihn ein und spricht: »Lieber Graf, sagen Sie doch zum Feldprediger: wenn Sie erst so einen starken Bart, wie er, hätten, dann wollten Sie ihm drauf antworten.« Die Gesellschaft nimmt diesen Einfall mit beifälligem Lachen auf, der Feldprediger aber zieht sich verstimmt zu Karl zurück. Das Examen schreitet weiter fort. In der Geschichte zählt der Graf zur Verwunderung der Gesellschaft, aber zum Verdrusse Wenzels die Namen aller großen Herren auf, »vom Ninus an bis auf Joseph den zweyten«. Zuletzt wird vorgeführt, was der Knabe alles aus der Mythologie weifs. Da erzählt er denn, wie die Söhne des Saturnus ihren Vater zum Himmel hinauswarfen und sich in sein Reich teilten, wie Jupiter seiner Gattin die Treue brach, zu Danae als goldener Regen durch das Dach kam und mit ihr den Perseus erzeugte, wie er ferner mit Semele den Bachus erzeugte, wie er Vater des Herkules ward, indem er zu Alkmene in Gestalt ihres Gatten Amphitryon kam u. s. w. Wenzel giebt in Zwischenbemerkungen seiner Entrüstung über dieses Schauspiel Ausdruck und entfernt sich schliefslich, da er das Examen nicht länger anzuhören vermag (IV, 362 fg.). Darauf, was er bei dieser Gelegenheit über die Lektüre der klassischen Schriftsteller äufsert, kommen wir später zurück.

Der Mittelstand und das niedere Volk senden ihre Kinder, um ihnen eine Bildung zu gewähren, in die öffentlichen Schulen. Was uns Salzmann über diese mitteilt, bezieht sich fast nur auf Stadtschulen. Wir entwerfen zunächst ein Bild von den Zuständen und Einrichtungen, die in den kleinen Stadtschulen herrschten, und fassen da zuerst wieder die Knabenschulen ins Auge. Nach der Aussage eines Handwerkers (III, 178 fg.) lernen die Knaben in der Schule lesen, schreiben, rechnen, den Katechismus, das Evangelienbuch, aufserdem »noch ein Bischen Grammatge und Vokabel«. Auf die Frage Karls, ob man sie in der Schule nicht auch über Tiere, Pflanzen und Erdarten unterrichte, die sich in der Umgebung der Stadt fänden, antwortet er: »Ich glaube, die mehresten unserer Bürger kennen nicht mehr als ein Dutzend Pflanzen, ein und ein halb Dutzend Thiere, und von den Erdarten wissen sie gar nichts. Alle Pflanzen, die wir nicht kennen, nennen wir Unkraut, und alle kleinen unbekannten Thiere nennen wir Ungeziefer; die Erdarten nennen wir mit einem Worte Dreck. — Was wir nicht kennen von Pflanzen, raufen wir aus, und die Thiere, die wir nicht kennen, schmeifsen und treten wir todt.« Von Erdbeschreibung sei in der Schule auch keine

Rede. Von den Ländern Kanaan, Mesopotamien, Assyrien und Ägypten höre man im Religionsunterrichte etwas, aber z. B. die Namen Polen und Rufsland würden in der Schule nicht erwähnt; viele Bürger glaubten, die Russen hätten Schnäbel. Was die Leibesübungen betreffe, so werde man in der Schule nur im Stillsitzen geübt. Über die Methode des Unterrichts in den kleinen Stadtschulen giebt uns der Konrektor aus Sylbenau Auskunft (III, 91 fg.). Er unterrichtet die älteren Schüler im Lateinischen und im Christentum. In der Religion achtet er vor allem darauf, dafs die Schüler bibelfest werden, und daher richtet er es so ein, dafs sie jedes Jahr die Bibel einmal durchlesen. Alles läfst er lesen, den Propheten Ezechiel und das Hohelied Salomonis, dessen Lektüre den Schülern immer besonderes Vergnügen bereite. Alljährlich läfst er ferner den Katechismus zweimal durchlernen, damit die Knaben in ihrem Christentum rechten Grund bekämen. Er fordert seinen Superintendenten auf, doch einmal seine Schule zu besuchen und seine Schüler aus dem Katechismus zu fragen die Kreuz und die Quere, sie würden gewifs keine Frage unbeantwortet lassen. Endlich müssen seine Zöglinge auch das Nicänische Symbolum einprägen. Um nun aber den Kindern auch das Verständnis für das Auswendiggelernte zu erschliefsen, giebt er ihnen ein schönes Büchelchen in die Hand, in dem der Katechismus in Frage und Antwort zergliedert und in *succum* und *sanguinem* aufgelöst ist. Dieses Büchelchen läfst er ebenfalls auswendig lernen, und so führt er die Schüler zum Verständnis des religiösen Memorierstoffes. Zuerst behandelt er im Religionsunterrichte die Lehre von der Dreieinigkeit. Für die Wahrheit der christlichen Religion giebt er drei Beweise; seine drei *argumenta probantia* sind nämlich die Wunderwerke, die Weissagungen und die Fufsstapfen Jesu am Ölberge. Zu dem letzten dieser Beweise bemerkt er: »Ja, das ist mein stärkster Beweis. Seht, sage ich, Kinder, die Fufsstapfen, die Jesus am Ölberg hinterlassen hat, da er gen Himmel fuhr, sind noch itzo zu sehen. Denn wenn ihr die Himmelfahrt Jesu abgemahlt seht, so findet ihr auch allemal auf der Spitze des Berges die Fußstapfen. Wenn also die Fußstapfen Jesu, von seiner Himmelfahrt, noch da sind, so muß er auch selbst dagewesen, und gen Himmel gefahren seyn. Ich schließe *ab effectu ad caussam*. Ist's nicht wahr, Ihro Hochwürden, das ist ein sehr stringenter Beweis?« Außer dem Lateinischen und dem Christentum wird in der Sylbenauer Schule nichts gelehrt. Denn »wenn ein Kind in seiner Religion gegründet ist und kann einen lateinischen *Terminum* setzen, was will man denn mehr haben?« Der Konrektor sorgt zwar nur für die Seele der Knaben, aber ganz will er doch auch den Körper nicht außer acht lassen, und so bringt er ihnen mit einer kurzen Regel die ganze Kunst bei, sich gesund zu erhalten, mit der Regel nämlich: »Halt Kopf und Füßchen warm! beschwere nicht den Darm!«

Die äußere Stellung der Lehrer an den kleinen Stadtschulen ist eine äußerst niedrige. Der Konrektor in Sylbenau bezieht ein Fixum von 30 Thalern 6 Groschen 4 Pfennigen Geld und 4 Scheffeln Korn. Hierzu kommt dann der sogenannte Weihpfennig. Am Schlusse eines jeden Quartales geht der Konrektor nämlich von Haus zu Haus und erhält da von jedem Hause 3 Pfennige. Daß er bei diesen Umgängen mehr die Rolle eines Bettlers spielt, kümmert ihn weiter nicht, gewinnt er doch so »ein gewisses Stückchen Brot«; nur daß er häufig lose Reden anhören muß, ist ihm dabei störend. »Wenn ich vor ein Haus komme, aus dem ein Kind etwan einmal ein paar Maulschellen von mir bekommen hat, da schmeißen sie mir wohl die Thüre vor der Nase zu, und schelten mich kurz und lang.« Endlich rechnet uns der Konrektor noch vor, was er an Accidenzien einnimmt. Da erwähnt er zunächst das Neujahrssingen, das ihm, je nachdem die Zeiten sind, 3 bis 5 Thaler einbringt. Mit Vergnügen gedenkt er des Neujahrssingens im Jahre 1769. Es logierte da ein adliger Herr in Sylbenau. Der Konrektor sang vor seiner Thür das Gloria und einige Motetten, und der Herr sandte dafür zwei geränderte, neue holländische Dukaten herunter. »Hernach liefs er uns in die Stube kommen, und setzte uns Stollen und einen extra guten Schnaps vor. *Notetur haec phrasis raro occurrit!*« In einem anderen Jahre freilich hat er beim Neujahrssingen die Füfse erfroren und daher 14 Tage nicht vor die Thür gehen können. Aber abgeschafft wissen will er die Einrichtung keineswegs; denn sie ist ein Stück seiner Besoldung. Unter den Accidenzien erscheinen ferner die Einnahmen von Kindtaufen, Hochzeiten und Begräbnissen. Besonders sind dem Konrektor die Hochzeiten und Kindtaufen wert; denn bei solchen Festlichkeiten hat er das Recht, »das ihm bey der Mahlzeit ein Teller gesetzt wird«. »Zu meines seligen Vorfahren Zeiten wollte es die Bürgerschaft abbringen, der hat aber dafür gestritten, *mascule* hat er gestritten.« Die Einnahmen von diesen kirchlichen Handlungen schätzt der Konrektor auf 8 bis 9 Thaler »Voriges Jahr hatte ich freylich ein extra gutes Jahr, da habe ich es bis auf zwölf Thaler gebracht.« »Wie kam das?« »Da hatten wir die schönen Fleckfieber. Da — da war es gute Zeit. Es vergieng keine Woche, da wir nicht drey bis vier Leichen hatten. Aber diefs Jahr ists ein schweres Jahr, ein gewaltig schweres Jahr. Wir schreiben itzo schon bald Martini, und ich habe noch keine sechs Thaler eingenommen. Wenn nicht noch ein paar hübsche Leichen fallen, da sieht es windig aus.« »Also scheint es ja, als wenn Sie darauf hofften, dafs es in Ihrer Stadt recht viele Leichen geben sollte?« »Wie kann ich denn anders? Es ist ja mein Stückchen Brot. Das Symbolum der Geistlichen und Schulbedienten ist ja immer gewesen: Sterben ist mein Gewinn.« Neben dem Fixum und den Accidenzien bilden die Geschenke die dritte Einnahmequelle des Konrektors. »Damit läfst es sich aber auch noch halten. Ich habe itzo nicht mehr als sechs Häuser, aus denen ich Schlachtschüsseln bekomme, und zwey, die mir allemal, so oft sie brauen, ein Stübchen Bier schenken.« Im allgemeinen urteilt der arme Schulmann über seine Arbeit und seine Besoldung: »Esels Arbeit und Zeisigs Futter!« (III, 86 fg.)

Gleich den Lehrern ziehen auch die Schulkinder vor die Häuser der Bürger und — betteln. In Kolchis sieht Karl von Karlsberg einen Trupp von ungefähr 12 Knaben mit blauen Mänteln durch die Strafsen ziehen. Sie singen Kirchenlieder, und als Karl fragt, was denn das sei, erhält er zur Antwort, das sei die Kurrende. Die Kurrende, erfährt er weiter, besteht aus armen Knaben, die wöchentlich zweimal durch die Stadt ziehen und singen. Vor jedem Hause, vor dem sie singen, bekommen sie einen Pfennig, einen Kreuzer, ein Bündel Schwefelfaden oder eine Semmel, und am Schlusse werden die Geschenke verteilt. Indem Karl sich so über die Kurrende aufklären läfst, bleibt die Knabenschar vor einem Bierhause stehen, aus dem ihnen einige Kannen Bier gereicht werden, die sie sofort austrinken. Sobald sie die Kannen geleert haben, stimmen sie das Lied an:

> Sey Lob und Ehr mit hohem Preis,
> Um dieser Gutthat willen;
> Gott Vater, Sohn und heilger Geist,
> Der woll in uns erfüllen
> Was er in uns angefangen hat,
> Zu Ehren seiner Majestät,
> Dafs geheiliget werde sein Name.

Karl lacht über »das Irreguläre dieser Handlung«, allein sein Begleiter ist ihm darum sehr böse. »Es ist ein alter Gebrauch«, meint er, »der schon üblich war, da ich in die Kurrente[1]) ging. Von jedem Gebraue Bier kriegt die Kurrente etliche Kannen, und wenn sie die getrunken hat, so singt sie das Lied. Was lachen Sie darüber?« (IV, 26 fg.)

Noch schlimmer wie um die Knabenschulen ist es um die Mädchenschulen bestellt. Denn die Mädchen ver-

---

[1]) Über Kurrente und Kurrende vgl. *Grimms* Wörterbuch s. v.

traut man durchgängig Männern an, die man für unfähig hält, Knaben zu unterrichten, Männern, die nach ihrer geistigen und sittlichen Bildung so tief stehen, dafs man ihnen nicht die Gänse geschweige denn die künftigen Ehefrauen und Mütter anvertrauen möchte. Kommt es doch nicht eben selten vor, dafs sich die Mädchenlehrer an ihren Schülerinnen in der denkbar gröbsten Weise vergehen. Der Unterricht in den Mädchenschulen gewährt nun ein noch kläglicheres Bild als der in den Knabenschulen. Man kann sich, sagt einmal der Bürgermeister und Schulinspektor von Insenfeld, »nichts traurigeres denken als ein Examen in der Mädchenschule, das uns in den Stand setzt, die ganze innere Verfassung derselben zu übersehen. Ich mufs einmal eine grofse Sünde gethan haben, dafs Gott mich zum Inspektor der Mädchenschule verurtheilte, und sagte, um deine schweren Jugendsünden zu büfsen, sollst du jährlich zwey Tage bey einem Examen in der Mädchenschule aushalten. Das ist ein wahres Fegefeuer«. Das erste Leiden, das bei einem solchen Examen auszustehen ist, ist das Morgengebet. Da werden Lieder gesungen, von denen die Kinder kein Wort verstehen, und statt der Gebete werden Psalmen, Bibelsprüche und Reimchen hergeplaudert, die für sie gar nicht gehören. Dann folgt ein anderes Leiden, man mufs Lektionen mit anhören, an denen die Kinder das halbe Jahr hindurch gelernt haben. »Die einzige Erquickung, die man dabey hat, ist das A B C, das Buchstabiren und das Lesen, und das Durchsehen der Schreibebücher. Denn da hört und sieht man doch etwas, wovon man sich Nutzen für die Zukunft versprechen kann.« Aber dann folgt das Schlimmste! Von früh sieben Uhr bis nachmittags fünf Uhr plappern zwei- bis dreihundert Kinder Sachen her, von denen sie kein Wort verstehen. Diese Sachen sind das Gesangbuch, das Psalmbuch, die Bibel, das Spruchbuch, alles ohne Auswahl, ferner das Evangelienbuch mit all seinen sonderbaren Reimen, der Katechismus ohne alle Erklärung und endlich der Himmelsweg. Der Himmelsweg ist ein Buch, dessen Verfasser vorgiebt, dafs daraus ein Kind in vierundzwanzig Stunden lernen könne, wie man den Höllenweg vermeide und in den Himmel komme. Es stehen Fragen und Antworten darin, die ohne alle Erklärung auswendig gelernt werden; denn »Unterredung mit Kindern ist eine Sache, für die man in unserer Mädchenschule gar keinen Sinn hat«. Ist es nun schon ärgerlich, dafs die Kinder Dinge lernen und hersagen müssen, von denen sie kaum das zehnte Wort verstehen, so ist es ganz besonders unsinnig, wenn sie Antworten geben, die auf die Fragen gar nicht passen. Jedes Kind hat nämlich alle die Fragen und Antworten, die im Examen vorkommen, gedruckt in der Hand. Da nun der Schulmeister einsieht, dafs ein Kind unmöglich die Menge von Fragen und Antworten seinem Gedächtnisse einprägen könne, so teilt er jedem Kinde eine bestimmte Anzahl von Fragen zu. Anne bekommt z. B. 1—5, Christiane 6—9, Karoline 10—12. Ist nun Anne etwa nicht zugegen, so beantwortet Christiane Annens und Karoline Christianens Fragen u. s. w., so dafs immer Antworten fallen, die gar nicht zu den Fragen gehören, auf die sie gegeben werden. Der Schulmeister merkt dies nicht; denn er brennt vor Begierde, das Examen zu endigen; die Kinder merken es auch nicht; denn sie spannen nur darauf, sich ihrer Bürde zu entledigen. Aber der Unsinn geht noch weiter. Der Schulmeister sagt die Fragen gar nicht vollständig aus, und die Mädchen warten die Fragen gar nicht ab, sondern fallen gleich bei dem ersten Worte mit der Antwort ein. Anstatt also zu fragen: Wer hat dich erschaffen? Wer hat dich erlöst? Wer hat dich geheiligt? fragt der Schulmeister nur: Wer hat dich? Wer hat dich? Wer hat dich? Was man da nun zu hören bekommen kann, wenn der Lehrer nur den Anfang der Fragen giebt und die Kinder Antworten erteilen, die gar nicht zu den Fragen gehören, zeigt uns Salzmann an einem Beispiele.

Lehrer: Wer hat dich?

Kind: Ja.
L.: Wer hat dich?
K.: Am Anfang schuf Gott Himmel und Erden.
L.: Wer hat dich?
K.: Ja.
L.: Ist denn der Vater?
K.: Im Anfang war das Wort, und das Wort war bei Gott, und Gott war das Wort.
L.: Woher?
K.: Ja.
L.: Ist denn?
K.: Wisset ihr nicht, daſs ihr Gottes Tempel seid, und der Geist Gottes in euch wohne?

So geht das nun das ganze Examen hindurch. Wie sollen aber die Mädchen bei solchem Unterrichte Ausbildung ihres Verstandes, Empfänglichkeit für vernünftige Vorstellungen bekommen? Und für die Mädchen ist ja der Nachteil, keine ordentliche Schulbildung bekommen zu haben, noch weit schwerer als für die Knaben. Haben sie die Schule verlassen, so stehen sie unter der Aufsicht der Mütter, die in der Regel nicht viel klüger sind als sie selbst. Ja, sie werden bereits als erwachsene Personen angesehen, werden in einem Alter, in dem der Knabe eben noch als Junge behandelt wird, in Gesellschaften eingeführt, bekommen Anbeter, die ihnen allerhand Schmeicheleien sagen, werden wenige Jahre nach dem Austritte aus der Schule gar Frauen und Mütter. Ist es da ein Wunder, daſs die Familienerziehung so im Argen liegt? Der Knabe hat wenigstens den Vorteil, daſs er, sei es als Handwerksbursche, als Soldat oder als Student, in der Welt herumgeworfen wird. Da gerät er in eine Menge Verlegenheiten, die ihn zwingen, seinen Verstand zu üben und seinen Witz zu schärfen, da wird er bald mit diesem, bald mit jenem verständigen Manne in Verbindung gesetzt, in dessen Umgang er wieder verlernen kann, was ihm in der Schule eingeprügelt worden ist, und dessen Beispiel gute Grundsätze in ihm wachruft und befestigt, an die in der Schule nicht gedacht ward (V, 200 fg.).

Wir haben aber noch in eine Anstalt einen Blick zu werfen, die auch im Dienste der allgemeinen Volksbildung steht, in das **Waisenhaus**. Karl von Karlsberg kommt eines Tages in das Waisenhaus zu Grünau. »Ach, bester Herr Vetter!« schreibt er dem Obersten von Brav über seine Erlebnisse in jenem Hause, »nie habe ich ein so anschauliches Gemählde vom menschlichen Elende gehabt, als in dieser Stube. Ein ganzes Heerdchen Kinder, deren Versorger im Grabe moderten, die hier sollen versorgt seyn, und doch so schlecht versorgt waren! Alle sahen sie bleich aus, wie die Leichen, hatten matte, viele triefende Augen, kein Zug von Munterkeit war an ihnen sichtbar, einige hatten verwachsne Füfse, andere verwachsne Hände, und alle starrten von Krätze, die alles Mark auszusaugen schien. Die Stube war schwarz vom Oeldampfe, und an den Wänden flossen die Ausdünstungen herab, die diese Elenden von sich gaben. Sie waren auf ihre Arbeit so erpicht, dafs unsere Gegenwart sie gar nicht störte. Und alle ihre Arbeit war Spinnen. Einige, besonders die Kleinern, sponnen sitzend, die andern stehend. Mein Herz hätte über den Anblick springen mögen, wie ich sahe, dafs so viele Keime, die der Schöpfer gepflanzt, zerknirscht, und diese Elenden in so schreckliche Lagen versetzt wurden, dafs sie am Geist und Leibe gebrechlich und klein werden mufsten. Unterdessen, dafs andere Kinder springen, scherzen und lachen, und in der Natur einen Schatz von Kenntnissen sich sammeln, sind diese Elenden an das Rad gefesselt, und der einzige Gegenstand ihrer Betrachtung ist die Spindel.« Um 11 Uhr giebt der Informator das Zeichen zum Gebete. Die Kinder stehen sogleich alle auf, singen ein Lied von der »schnöden Tochter Babylon« und sagen dann die 10 Gebote auf. Nach beendigtem Gebete eilen die Kinder nicht, wie Karl erwartet, auf den Spielplatz, sondern wieder an die Spinnräder. Karl bezeigt gegen den Wollenkämmer, ihren un-

mittelbaren Aufseher, seine grofse Verwunderung darüber.
»Ja«, entgegnet dieser, »sie wollen gern ihr Tagewerk
fertig bringen. Da vergessen sie eher Essen und Trinken,
ehe sie vor geendigtem Tagwerk weggiengen.« Auf Karls
Frage, ob denn viel von den Kindern gefordert werde,
antwortet er selbstgefällig: »Ja! ich liefere noch einmal
so viel Garn als sonst. Die Herren Waisenväter sind
aber auch recht wohl mit mir zufrieden.« Karl bekennt,
noch nie so fleifsige Kinder gesehen zu haben, und möchte
gern erfahren, durch welche Vorteile der Wollenkämmer
eine solche Menge Kinder zu einem so erstaunlichen Fleifse
bringe. Der Wollenkämmer will ihm gern Aufklärung
darüber geben. »Da öfnete er«, berichtet Karl, »die Thür
zu einem Zimmer, in welchem ich einen Auftritt sah, vor
dem die Menschheit zurück schaudert, und den ich gewifs
nicht glauben würde, wenn ich ihn nicht mit meinen
eignen Augen gesehen hätte. Fünf Kinder waren hier
auf die Folter gespannt. Dreyen waren die Arme aus-
gedehnt, und die Hände an eine Stange gebunden, so,
dafs sie in einer Stellung waren, die mit der Stellung
des Gekreuzigten eine grofse Ähnlichkeit hat, und zwey
Knaben lagen auf der Erde, so, dafs der vordere Theil
des Körpers durch die blofsen Ellenbogen, der Kopf durch
die Hände, und der hintere Theil des Körpers durch die
entblöfsten Knie unterstützt wurde. Auf den entblöfsten
Rücken war ein schweres Stück Holz gelegt.« Karl fragt
erschrocken, was denn diese Kinder verbrochen hätten,
und erfährt, ihr Verbrechen bestehe lediglich darin, dafs
sie nicht ihr bestimmtes Gewicht an Wolle und Baum-
wolle aufgesponnen hätten. Er ruft die Waisenväter herbei, die versichern, von der barbarischen Behandlung der
Kinder nichts zu wissen, dem Wollenkämmer einen Ver-
weis geben und ihm befehlen, die Kinder frei zu machen.
Der Wollenkämmer jedoch entschuldigt sich: »Ich kann
Ihnen ja immer nicht Garn genug liefern. Wenn ich es
nicht so mit den Kindern machen soll, so werde ich sie
nimmermehr dahin bringen, dafs sie so viel liefern, als

Sie verlangen.« Zugleich mit Karl ist ein Bauer ins Waisenhaus gekommen, der einen kleinen, sehr verwachsenen Knaben mit sich hat. »Gott grüfse sie, meine Herren!« spricht er zu den Waisenvätern, »da bring ich ihnen meinen Pathen wieder. Haben sie ihn zum Krüppel gemacht, so mögen sie ihn auch ernähren.« Der Junge sei zu nichts zu gebrauchen, er wisse nicht, was Vollmond, das erste und das letzte Viertel sei, könne den Roggen nicht vom Weizen oder vom Hafer unterscheiden, könne trotz seiner 18 Jahre kaum die Hacke erheben, verstehe nicht, eine Sichel anzugreifen u. s. w. Der Geistliche, der zu den Beisitzern des Kollegiums gehört, hält darauf hin dem Bauer vor, er habe allen Grund, dem Waisenhause dankbar zu sein, sei doch da sein Pate in der Religion ordentlich unterwiesen worden, was mehr wert sei als alles andere. Allein der Bauer erwidert, er könne ganz und gar nicht bemerken, dafs der Junge Religion habe. Des Morgens sei er nicht aus dem Bette zu bringen, er müsse stets mit »der Karbatsche« geweckt werden, verstehe sich aufs Stehlen wie ein Rabe, trinke die Eier aus und nasche den Rahm von der Milch, drehe den jungen Hühnchen die Köpfe um, thue ihm, dem Bauer, und seiner Frau, wenn sie ihn einmal gestraft hätten, heimlich jeden Verdrufs an, den er nur könne und wisse. Er wirft schliefslich den Waisenvätern vor, dafs sie nur in ihrer Stube säfsen, rechneten, was einkomme und ausgegeben werde, Kapitalien ansammelten, sich aber um die armen Kinder nicht kümmerten. Wie recht er hat, zeigt uns die Beschreibung, die uns Karl vom Waisenhause giebt. Der Religionsunterricht, auf den sich der Geistliche beruft, ist übrigens das Einzige, was zur geistigen und sittlichen Bildung der Kinder gethan wird, und er ist nicht einmal ein wirklicher Unterricht, sondern nur ein mechanisches Einbleuen der Gebote und einiger Gesangbuchlieder. — Karl hat später Gelegenheit, ein anderes Waisenhaus kennen zu lernen (III, 348 fg.). Der Waisenhausinspektor führt ihn in einen grofsen Saal, in dem sich eine reichhaltige Sammlung von Naturalien befindet. Er erblickt da einen ziemlichen Vorrat von Mineralien, Steinen, Petrefacten, ein vortreffliches *herbarium vivum*, eine schöne Insekten-, Muschel- und Schneckensammlung, eine Menge sauber ausgestopfte Vögel, aufgeleimte Fische, Schlangen, Amphibien und Würmer in Spiritus, von den vierfüfsigen Tieren die schönsten Abbildungen in Kupferstichen. Karl empfindet lebhafte Freude darüber, und als er beim Weggehen an der Thür eine Büchse erblickt mit der Aufschrift: zum Besten des Waisenhauses! steckt er, ohne sich zu bedenken, einen Dukaten hinein, da er ja hier Gelegenheit bekommen hat, sich von seinem Vorurteile gegen die Waisenhäuser frei zu machen. Er fragt den Inspektor, wie oft er wohl die Kinder in das Naturalienkabinet führe. Verwundert entgegnet der Inspektor: »Wer? die Waisenkinder? es ist noch keines mit einem Fufse herein gekommen. Da würde das Kabinet lange bestehen, wenn man solche rohe Leute einlassen wollte.« Karl giebt nun der Meinung Ausdruck, dafs die Naturalien wohl einzeln in die Stube getragen und da den Kindern erklärt würden. Doch auch darin täuscht er sich. »Was hilft der Kuh Muskaten, sie frifst wohl Haberstroh«, versetzt der Inspektor. »Wir wollen ja keine Gelehrten aus den Kindern ziehen. Bauern, Taglöhner, Dienstboten, höchstens Weber und Schuhmacher sollen sie werden. Und was nützt denn solchen die Naturgeschichte? Wenn diese ihre sechs Hauptstücke lernen, und lernen ihren Faden ziehen, so ist es ja gut.« Dazu, vorzügliche Talente unter den Waisenkindern auszubilden, habe man kein Geld, und im übrigen dürfe man den Pöbel nicht zu klug machen, sonst wolle er nicht mehr gehorchen. Nun sieht sich Karl zu der Frage veranlafst, warum man da nur bei dem Waisenhause ein Naturalienkabinet angelegt habe? »Es ist blos geschehen«, bekommt er zur Antwort, »um dem Waisenhause mehr Revennen zu verschaffen.« Karl sieht, dafs er sich in dem Inspektor geirrt hat, seine alte Meinung von den Waisenhäusern ist ihm nicht benommen, sondern er ist darin nur bestärkt worden.

Dieselbe Unvernunft, die uns in den niederen Schulen begegnet, herrscht auch in den Gelehrtenschulen, in den Gymnasien oder Lyceen. Als ein Typus dieser Anstalten steht in unserem Romane die Troppenheimer Schule da. Sie ist mit einem Internate verbunden. Ihre Zöglinge kommen, solange sie ihr angehören, kaum eine Stunde weit von ihr weg und auch dies äufserst selten. Die ganze übrige Welt bleibt ihnen unbekannt. Spaziergänge sind wohl erlaubt, aber sie dürfen nur unter Aufsicht der Lehrer unternommen werden. Und welch eine ernste Miene müssen dabei die Schüler aufstecken. Sie dürfen nicht hüpfen und springen, und wenn sie an einen hübschen Ort kommen, müssen sie sogleich wieder zurückgehen. Sind sie einmal »ein Bischen lustig gewesen«, so setzt es Schläge. An den in der Nähe rauschenden Strom zu gehen, sich auf der angrenzenden grünen Wiese zu tummeln, ist ihnen nicht vergönnt, in das nahe, anmutige Wäldchen ist mancher Troppenheimer Schüler nie gekommen. Verboten sind selbst so harmlose Vergnügungen wie das Schneeballen; wer sich ihnen hingiebt, hat sich auf Schläge gefafst zu machen. Die Kost, die man den Schülern gewährt, ist schlecht. Die Knaben tragen Perücken und haben sich, obwohl sie nur aus einer Stube in die andere zu gehen brauchen, in lange Mäntel und Schlafröcke gehüllt. Wenn die Schulstunden beendigt sind, begeben sie sich je sechs und sechs auf ihre Stuben, wo sie nun völlig sich selbst überlassen sind. Nach Tische, halb neun Uhr, gehen sie alle in den gemeinschaftlichen Schlafsaal, wo sie, 50 an der Zahl, ohne die geringste Aufsicht schlafen, häufig zu zweien in einem Bette. Dafs sie sich da durchgängig sexuellen Ausschweifungen hingeben, kann nicht befremden. Überhaupt ist der Geist, der in der Anstalt herrscht, nicht der beste. Die älteren Schüler sehen ihre Hauptaufgabe darin, allerhand dumme Streiche auszuführen. So jagen sie alle Hühner und Truthühner in die Stube des Rektors. Wenn nun der Rektor in das Zimmer tritt, fliegen die Vögel in ihrer Angst gegen die Fenster und zerbrechen die Glasscheiben. Die jüngeren Schüler aber, die etwa die Urheber der Possen angeben, sehen sich den rohesten Mifshandlungen ausgesetzt. Z. B. ist einmal ein solcher Angeber unter die Plumpe gelegt und ganz und gar nafs geplumpt worden, so dafs er in heftiges Fieber verfiel. Einem anderen hat man aus Rache ein totes Schwein in das Bette gelegt, worüber er so erschrak, dafs ihn schwere Krankheit überkam. Mindestens straft man die Angeber mit gemeinen Schimpfnamen. Das Tabakrauchen ist zwar bei zweistündiger Carcerstrafe verboten, allein es wird gleichwohl oder eben darum von sämtlichen Schülern geübt, stellt sogar eine »wesentliche Eigenschaft« jedes echten Schülers dar. Gefühl für Liebe und Freundschaft kann auf Troppenheimischem Boden nicht gedeihen. Der Diakonus Rollow holt einmal einige junge Leute von der Schule ab. Über ihren Abschied berichtet er: »Kälter habe ich aber nicht leicht einen Abschied gesehen, als dieser, in Ansehung der übrigen Schüler, war. Den mehresten schien es einige Überwindung zu kosten, sich zu einer Umarmung zu bequemen, und fast alle stellten sich dabey so kalt und steif an, dafs ich mich in meinem Innersten über ihre Fühllosigkeit, über ihren Mangel an Theilnehmung, betrübte.« Von Liebe zu ihrer Bildungsanstalt kann natürlich bei den Troppenheimer Schülern keine Rede sein. Beim Abschiede von ihr schreiben sie einander lateinische Sentenzen in die Stammbücher und setzen darunter: »Am Tage meines Abschieds aus diesem Jammerthale.« Der Rektor Californius, ein Mann mit finsterer Miene, achtet vor allem darauf, dafs seine Schüler gute Fortschritte im Lateinischen und Griechischen aufweisen können. Er rühmt sich, Schüler zu haben, die ganze Stellen aus dem Homer, Hesiodus, Virgilius, Horatius, Ovidius und Cicero herzusagen wüfsten, einen netten lateinischen Vers zu machen und einen Stil zu schreiben verstünden, dessen sich Cicero nicht zu schämen brauchte.

Als seinen bedeutendsten Schüler preist er den Troppenheimer Pfarrer; denn dieser hat den Suetonius ediert. Im Deutschen und Französischen erhalten seine Schüler keinen Unterricht; denn »was das Deutsche betrifft«, meint er, »so ists ja ihre Muttersprache, die sie alle schon können, und das Französische — das geht mich nichts an. Ich will Gelehrte erziehen, und das Französische ist keine gelehrte Sprache.« Zur Pflege der Gesundheit und Gewandtheit seiner Schüler thut er gar nichts. Über die Frage, ob denn seine Zöglinge nicht liefen, sprängen, kämpften und spielten, ist er ganz entsetzt. Daſs seine Schüler blaſs aussehen wie die Leichen und einen »schlumpichten Gang« haben, stört ihn nicht weiter, war doch Homer blind, und hatte doch Horaz triefende Augen. Die langen Mäntel der Schüler will er durchaus nicht abschaffen; denn es ist ein »christlöblicher Gebrauch«, daſs Schüler lange Mäntel tragen, und überdies halten diese ja den Körper warm.[1]) Was die sexuellen Ausschweifungen seiner Zöglinge betrifft, so rechnet er sie »unter die Schwachheiten, von denen wir, so lange wir im Leibe wallen, nie ganz frey sind«! Sie seien, glaubt er, ein Übel, das aus den Gymnasien, ohne öffentliches Ärgernis zu geben, wohl nicht werde wegzuschaffen sein. Es werde dadurch auch viel Unglück verhindert, indem doch junge Leute dadurch mehrenteils von dem so gefährlichen Umgange mit dem weiblichen Geschlechte abgehalten würden, der nur Weltliebe, Zerstreuung und Abneigung vom Lesen

---

[1]) Für die Beantwortung der Frage, ob Salzmann etwa übertreibe, ist folgende Anmerkung von Wert: »Auf was für eine Schule mag wohl hiermit gezielet seyn? fragen einige meiner Leser. Ganz gewiſs ist damit die Schule in N. gemeynt.« Ganz recht, auf die Schule wird gezielt, wo die Schüler noch mit langen Mänteln in die Schule kommen, und zu funfzigen, ohne Aufsicht, bey einander schlafen.« Salzmann droht, die Schule nach Verlauf einiger Zeit bestimmt zu bezeichnen, wenn bis dahin die Miſsstände in ihr nicht abgeschafft seien. Er werde die Eltern vor ihr warnen; solche »Mördergruben« seien in einem gesitteten Staate nicht zu dulden (V, 224).

der Alten hervorbringe. Was Californius für die Erziehung seiner Schüler zur Sittlichkeit thut, besteht in äufseren religiösen Übungen. Im allgemeinen mag er von Erziehung der Schüler nichts wissen, wie er denn auch den neuen, aus Dessau stammenden Ausdruck »Zögling« durchaus nicht leiden kann. »Ich habe keine Zöglinge, Schüler habe ich!« bemerkt er einmal voll Entrüstung. Aber er hält seine Schüler, weil es verordnet ist, doch zum Beten und Singen an, schärft ihnen das göttliche Wort ein und überläfst alles Übrige dem göttlichen Schutze. Wer bei diesen Übungen rechte Zerknirschung heuchelt, ist in seinen Augen ein sittlicher, religiöser Mensch. So giebt er dem Sohn des Obersten von Brav, der als ein ganz entnervter, körperlich und geistig gebrochener Mensch von der Troppenheimer Schule zurückkehrt, das anerkennende Zeugnis: »Er hat seine *Specimina* immer gut ausgearbeitet, hat in *prima Ciceronis Orationes, Horatium, Virgilium* und einen grofsen Theil *Ovidii*, im griechischen, *Homeri Odysseam*, gelesen, und ist in der hebräischen Bibel bis auf die Propheten gekommen. Seinen Seelenzustand betreffend, so zweifle ich gar nicht, dafs er in der Gnade stehe. Er hat nicht nur bey dem öffentlichen Gottesdienst sich allezeit christlich und anständig betragen, sondern auch an den Gewissensübungen, die wir nach dem sonntäglichen zweymaligen Gottesdienst anzustellen pflegen, mit sichtbarer Rührung Theil genommen, auch niemals Neigung zu weltlichen Lustbarkeiten bezeigt« (I, 157 fg.; IV, 182 fg.; V, 38 u. 218 fg.).

Aus der klösterlichen Abgeschiedenheit werden die jungen Leute plötzlich in die Freiheit des Studentenlebens gesetzt, die selbst einem geistig und sittlich reifen Menschen gefährlich werden kann. Dann werfen sie die Maske der Tugend ab und geben sich der wildesten Zügellosigkeit hin. »Unsere Akademien«, schreibt Oberst v. Brav an Karl, »scheinen mir für die Tugend und Zufriedenheit der Menschen so gefährlich zu seyn, als der Sitz der Pest, Constantinopel und Smyrna, für ihr Leben. Und ich kann nicht begreifen, wie ein Vater, der die Akademien kennt, und auf denselben einen Sohn hat, viel frohe Stunden haben kann. Ich werde weit ruhiger seyn, wenn mein Sohn einmal gegen die Russen oder Türken zu Felde liegen sollte, als wenn er auf der Akademie seyn wird.« Freilich wird die Akademie nicht allein durch die Studenten zu einem Sitze der Unsittlichkeit gemacht, sie ist schon an und für sich »ein Schnitzer gegen die Moral und Psychologie«. Wenn man 20 bis 40 jungen Menschen die Speisen vorkauen und sie ihnen in den Mund streichen wollte, so würde das jedermann abgeschmackt finden. Thut denn aber die Universität etwas anderes? Können nicht die jungen Leute selbst arbeiten und nur dann, wenn sie nicht weiter können, einen sachverständigen Mann zu Rate ziehn? »Lehrt den Schülern erst Sprachen und die Anfangsgründe der Wissenschaften, dann müssen sie sich selbst forthelfen können.« So aber arbeitet man ihnen alles vor, die Lehrer werden darüber hypochondrisch, und die Studenten werden Müfsiggänger. Vor allem sind die guten Köpfe nicht genügend beschäftigt und fangen an, ein ausschweifendes Leben zu führen. »Wer zum Studiren gemacht ist, der hat Lust dazu, und arbeitet sich durch alle Schwierigkeiten durch. Er braucht keinen Lehrmeister, nur Mufse, guten Rath und einige Bücher, um ein Mann zu werden, der dem Fache gewachsen ist, dem er sich widmet.« Die Zahl derer, die sich Gelehrte nennen, würde dann allerdings sehr klein werden, was eine grofse Wohlthat für die Welt wäre; »denn Heuschrecken und Raupen und anderes Ungeziefer, sind keine solche Landplage, als die Leute, die sich Gelehrte nennen, und es doch nicht sind«. Kämen sie dahin, wohin sie gehören, hinter den Leisten, hinter den Ambofs, hinter den Pflug oder hinter ein anderes Werkzeug, so wäre die Welt von den Hungerkandidaten befreit, die herumlaufen und um ein Amt betteln und dabei leicht auf Wege geraten, deren sich ein rechtschaffener Mann schämt. »Religion, Freyheit, Vaterland, sind gemeiniglich dem feil, der um ein

Amt betteln mufs. Und ich glaube immer, dafs die sklavische Denkungsart, die itzo so allgemein ist, grofsentheils von dem Stande der Gelehrten herrühre.« Diese Scheingelehrten sind auch ein Hindernis für jeden Fortschritt. Denn da sie nicht fähig sind, selbst zu denken, so lassen sie ihre Lehrer für sich denken, nehmen deren System als Evangelium an und lernen es auswendig. Nach diesem System bemessen sie die Anschauungen anderer Menschen, und was damit nicht übereinstimmt, wird als Irrtum verworfen. Das gilt von den Belletristen, den Philosophen, den Ärzten, den Juristen, den Theologen. »Die Einrichtung unserer Universitäten ist in Zeiten gemacht worden, da die Welt noch arm an Büchern war, und ein Mann, der lesen und schreiben konnte, unter die Seltenheiten gehörte. Und für diese Zeiten mochten sie sehr nützlich seyn. In unsern Tagen machen sie aber eine eben so elende Figur, wie eine Festung, die zu den Zeiten der Kreuzzüge angelegt wurde, in einem Kriege, wo man zu Bestürmung der Festungen Bomben und Kanonen zu brauchen pflegt.« Wer seine Kenntnisse aus Büchern schöpft, hat übrigens den Vorteil, dafs er das, was ihm vorgelegt wird, frei prüfen kann, während der Lehrer auf seine Zuhörer mit Syllogismen und Deklamationen einstürmt, bis ihre Beurteilungskraft das Gewehr streckt. Alle die Mängel, die in der ganzen Einrichtung der Universitäten begründet sind, werden durch besondere Nebenumstände noch erhöht. Nimmt man einen jungen Mann in die Zahl der akademischen Bürger auf, so wird weder wegen seines Charakters, noch wegen seiner Sitten, noch wegen seiner Kenntnisse eine Untersuchung angestellt. Verstandesschwäche erschwert die Aufnahme keineswegs, ja es können wohl Leute aufgenommen werden, die überhaupt keinen Verstand haben. Die einzige Bedingung, auf deren Erfüllung man hält, ist die Erlegung eines Louisdors für den Prorektor und eines Guldens für den Pedell. Findet der Prorektor den Louisdor für vollwichtig, so erklärt er den jungen Mann für würdig, an den Rechten und Freiheiten der Musensöhne teilzunehmen, läfst ihn den Eid ablegen, dafs er die akademischen Gesetze befolgen wolle, händigt ihm dann diese Gesetze, eine Quittung über erlegte 5 Thlr. 16 Gr. und ein Zeugnis über seine Aufnahme aus. In den Vorlesungen zeigen sich die Studenten, soweit sie nämlich solche besuchen, höchst teilnahmlos, manche schlafen sogar. Ihre Hauptaufgabe sehen sie im Trinken, Spielen, Schuldenmachen, Verhöhnen der Bürger, Duellieren u. s. w. Das Duellieren zieht allerdings die Relegation nach sich. Ist indessen der Relegierte reich, läfst er viel Geld in der Stadt sitzen, so nimmt ihn die Universität in kürzester Zeit mit Freuden wieder auf. Bei aller Roheit ihrer Sitten sehen doch die Studenten hochmütig auf andere Stände herab. Sie verachten nicht nur die Bürger, sondern verspotten auch die Professoren und Ratsherren, die Offiziere und Minister. Prediger dürfen sich in den Auditorien nicht sehen lassen, wenn sie nicht ausgezischt werden wollen. In der Regel zischen da die am meisten, die nach einigen Jahren kriechend eine geringe Predigerstelle suchen. So sind die Akademieen »stehende Wasser«, »von denen sich Krankheit und Tod über die ganze Nachbarschaft ausbreitet« (I, 36 fg., 154 fg., 226 fg., 331 fg.; II, 266 fg.).

Nachdem uns so Salzmann einen Blick in die Familienerziehung und in das öffentliche Schulwesen des 18. Jahrhunderts gewährt hat, lassen wir uns von ihm über die **Grundmängel** unterrichten, die dem gesamten Erziehungswesen anhaften, an denen die niederste Dorfschule in gleicher Weise leidet wie die Akademie. Zuerst rügt er, dafs die Bildung, die man der Jugend gebe, durchaus **unpraktisch** sei. In den Schulen müsse man Dinge lernen, die man im Leben nicht verwerten könne, und was man im Leben notwendig brauche, das enthielten die Schulen den Kindern vor. In der Schule, entwickelt Salzmann, wird uns lediglich eine Summe von Kenntnissen eingedrillt, das Leben aber stellt nicht nur an unser Wissen, sondern auch an unser Können grofse Ansprüche, vor allem auch an unseren Körper. Aber von der Erziehung wird diese Forderung des Lebens nicht im geringsten berücksichtigt, es werden von ihr keine Anstalten getroffen, dem Körper Festigkeit zu geben, ihn geschickt und biegsam zu machen. Darum sind die Gelehrten, die am längsten von den Mauern der Schule eingeschlossen gewesen sind, die unbehilflichsten Menschen. »Von den Millionen Werkzeugen, die der menschliche Verstand erfunden hat«, so erzählt der Diakonus Rollow, »habe ich in meinem Leben keins in die Hände bekommen, als das Lineal, das Federmesser und die Feder. Vom grofsen Messer weis ich weiter keinen Gebrauch zu machen, als einen Braten zu zerlegen. Da ich zu Verstande kam, lernte ich noch den Spaten, die Hacke und Harke brauchen. — Wenn andere Knaben alle ihre Muskeln brauchen lernten, und in Gottes Werkstatt sich umsahen, da safs ich und las den Livius oder den Propheten Esaias. Und wenn andere Jünglinge sich in die menschliche Gesellschaft mischten, und beobachteten, und handelten, da safs ich hinder meinen Quenstedt, und dachte Wunder wer ich wäre, wenn ich aus meinem Dachfenster herab auf die Menschenkinder sahe, die den irdischen Geschäften und Vergnügungen nachgiengen« (II, 136). Aus solch einseitiger Erziehung erklärt sich auch die Zerstreutheit, an der viele Gelehrte leiden. Der Magister Heerbrand z. B. hält gebackene Rebhühner für Hammelbraten, zersägt statt des Holzes den Sägebock, ist nicht im stande, einen Nagel einzuschlagen oder eine Kohlpflanze zu ziehen, kurz, ifst und trinkt, aber schmeckt nichts, wandelt durch die schönsten Gärten und sieht nichts, ist in Gesellschaft, im Konzert, in der Komödie und hört nichts. Er fühlt sich unglücklich über seine Geistesabwesenheit, wandelt ängstlich wie unter Schreckbildern auf der Erde einher und klagt seine Erzieher lebhaft an, dafs sie ihn zu einem so ungeschickten, bedauernswerten Menschen gemacht hätten. »Wenn ich als Knabe«, so berichtet er aus seiner Jugend, »auf das merkte, was um mich vorgieng, so bekam ich Schläge, und wenn ich hingegen meine Sinne betäubte und mich im Geiste nach Italien, Griechenland oder Palästina versetzte, so wurde ich gelobt und meinen Mitschülern zum Muster vorgestellt« (III, 242). Man habe ihn, meint Salzmann, zu einem gelehrten Manne erzogen, wie man den Finken zum Singen bringe; man mache diesen blind, damit er seine ganze Aufmerksamkeit auf den Gesang richten solle.

Aber wenn nur wenigstens das Wissen, das man so einseitig pflegt, ein solches wäre, dafs man es im Leben anwenden könnte. Allein auch dieses ist, abgesehen vom Lesen, Schreiben und Rechnen, ohne allen praktischen Wert. Namentlich gilt dies vom Latein, auf das selbst in den kleinen Stadtschulen so sehr viel Zeit verwandt wird. So lernt denn der künftige Handwerker »ein Bischen Grammatge und Vokabel«, aber er lernt keinen deutschen Brief schreiben, so leitet man den künftigen Kaufmann an, einen lateinischen *terminum* zu setzen, aber man unterrichtet ihn nicht in den für ihn so wichtigen neueren Sprachen, so dafs er sich genötigt sieht, diese erst auf der Wanderschaft zu erlernen (II, 128 und 154). Nur die Töchter vornehmer Familien lernen etwas Französisch; denn ein Frauenzimmer, das kein Französisch versteht, ist ja nicht witzig. Wie wichtig ist es ferner für jeden Menschen, dafs er in der Anthropologie unterrichtet werde. Würden nicht durch eine Belehrung über den menschlichen Körper viele veranlafst werden, eine vernünftigere Lebensweise zu führen, als sie es so thun, würden dann nicht die Frauen die den Körper so sehr verunstaltende Einschnürung unterlassen, würde nicht mancher junge Mann von sexuellen Ausschweifungen abgeschreckt werden, wenn man ihm zeigte, wie er damit seine Gesundheit zerrüttet? Doch von Anthropologie ist in der Schule keine Rede (III, 260). Man sträubt sich aus einer falschen Verschämtheit dagegen, mit den Kindern über natürliche Dinge zu reden, ist aber dabei unverschämt genug, ihre Seele bei der Lektüre der Alten, beim Unterrichte in der Mythologie u. s. w. mit den unzüchtigsten Bildern zu erfüllen und sie so zur Unsittlichkeit anzureizen. Daſs ferner jeder Bürger im Leben naturgeschichtliche, geographische und weltgeschichtliche Kenntnisse brauche, ist ganz zweifellos; die Schule indessen nimmt auf dieses Bedürfnis nicht die geringste Rücksicht. Auch ist es selbstverständlich, daſs die Jugend über volks- und staatswirtschaftliche Fragen, über die Rechte und Pflichten der Bürger belehrt werde. Doch »wir haben keine öffentliche Erziehung. Wir haben zwar öffentliche Schulen, wo die Kinder eine Menge Wörter lernen, aber nur nicht das, was sie als nützliche, gute Bürger wissen und thun müssen. Denn was für Einfluſs hat denn das auf die öffentliche Wohlfahrt, wenn der Junge scandiren lernt: *a bove majori discit arare minor;* oder wenn er die Frage beantworten kann, was giebt oder nützt die Taufe? an Erziehung wird nicht mit einem Worte gedacht«. Die öffentliche Erziehung besorgen die Väter, die Mütter und die Groſsmütter, die meistenteils selbst noch unerzogen sind, die in der Regel nichts weiter als die Vorschrift des Eigennutzes predigen, der Sohn möge das Gut der Eltern erhalten und es vergröſsern. »Wenn man dieser Menschenart vom Patriotismus, vom gemeinen Besten, u. d. g. vorsagt, so thut es eben die Wirkung, als wenn man einen Kurzsichtigen auf die angenehme Lage eines Bergschlosses aufmerksam machen will« (V, 34).

Das andere Hauptgebrechen, an dem das ganze Erziehungs- und Unterrichtswesen leidet, ist der Mechanismus. Mechanisch betreibt man den Religionsunterricht. Dem Gedächtnisse wird eine Summe religiösen Wissens eingeprägt, das weder verstanden noch mit dem Gemüte erfaſst worden ist. Und dabei bietet man den Kindern des 18. Jahrhunderts das religiöse Wissen noch in derselben Form dar, in der es die Kinder des 16. zu lernen hatten, in der Form von Luthers Katechismus. Salzmann schätzt Luther hoch, aber er sehe in ihm, sagt er, nicht den lieben Gott und glaube von seinen Vorschriften nicht, daſs sie für alle Ewigkeit gegeben seien (V, 204). Mechanisch ist der Sprachunterricht; denn er besteht nur in einem Auswendiglernen von Vokabeln und Regeln. Mechanisch ist überhaupt aller Unterricht insofern, als er abstrakte Begriffe einfach mitteilt, sie nicht aus der Vergleichung konkreter gewinnen läſst. Magister Heerbrand erzählt von sich: »Ich habe eine ganze Menge abstracte Begriffe bekommen, ehe ich deutliche concrete hatte. Denn mein Lehrer sagte mir jene vor; und überhob mich so der Mühe, sie mir selbst zu erwerben. Ich wuſste schon von Geist, Cörper, Raum und dergleichen zu plaudern, ehe ich mich und die Dinge, die um mich waren, recht kannte. Dadurch kam es mit mir so weit, daſs ich auf nichts concretes mehr achtete. und immer in der abstracten Welt herumwandelte. Ich habe, so wahr ich vor Ihnen sitze, über die Merkmale disputirt, wodurch die Personen in der Gottheit von einander unterschieden sind, ehe ich die Merkmale kannte, wodurch ein Apfelbaum von einem Birnbaume sich unterscheidet« (III, 245). Mechanisch verfährt man im Unterrichte auch insofern, als man auf die Übereinstimmung der einzelnen Disziplinen nicht im entferntesten achtet. Im Religionsunterrichte lehrt man: »Du sollst keusch und züchtig leben!« und im Sprachunterrichte sowie in der Mythologie zeigt man den Schülern Beispiele gröbster Unzucht. In dieser Hinsicht stellt Salzmann die Herrnhuter, die er in vielen Punkten abfällig beurteilt, seinen Zeitgenossen als Muster vor. »Bey Erziehung der Kinder dieser Gemein stimmt Unterricht und Erziehung alles auf einen Zweck, und alle Bücher, die sie in die Hände bekommen, sind demselben gemäſs. Bey uns liest man in der Schule erst Arnds wahres Christenthum, dann den Terenz, hernach überläſst man den Kindern, ob sie sich lieber nach Johann Arnden, oder dem Terenz bilden, ob sie lieber das Paradiesgärtchen oder — durchblättern wollen« (V, 308). Endlich muſs es als eine mechanische Art zu erziehen bezeichnet werden, daſs man Verbote erläſst, aber nicht angiebt, warum sie nötig sind. Hätte z. B. Californius, so meint Salzmann, den Schülern das Tabakrauchen nicht nur verboten, sondern ihnen auch eine schwache Schilderung von den unangenehmen Folgen des Tabakrauchens gegeben, so hätten sie unmöglich Appetit darnach bekommen. So aber bekamen sie Lust zum Rauchen, sobald sie nur gelesen hatten, daſs dies verboten sei. »Sehn Sie, lieber Herr! was aus dem Menschen wird, wenn man ihn sklavisch behandelt, immer nur sagt das sollst du thun, das sollst du lassen, ohne ihn von der Güte der Gesetze zu überzeugen. Sehn Sie, wie der Mensch ausartet, wenn man seiner Ambition nicht eine weise Richtung giebt« (V, 39 und 40).

Daraus, was Salzmann an dem Erziehungs- und Unterrichtswesen seiner Zeit tadelt, geht schon hervor, in welcher Richtung sich die Reformen bewegen müssen, die er durchgeführt sehen möchte. Die wichtigsten Verbesserungen, die er für nötig hält, stellt er uns in einem Zukunftsbilde dar, das er den Diakonus Rollow in einem Traume schauen läſst. Rollow hört die Stimme wie einer starken Posaune, die die Menschen auffordert, alles von sich zu thun, wodurch sie zeither die armen Kinder verwirrt, tückisch und boshaft gemacht und zum Ungehorsam gereizt hätten. »Bringt zu Haufe«, ruft sie, »alle Katechismen, die ihr zeither eure Kinder zu lernen zwangt, und werft sie in das Feuer. Denn meine Kinder haben gefühlt, daſs diese Bücher für sie unschicklich sind, und ihr Herz hat sich dagegen empört, und ist so des Ungehorsams und des Uebertretens fast viel worden auf Erden. Und von nun an soll es geschehen, daſs die Kinder der Christen nicht mehr sollen unterwiesen werden nach dem Gesetze, das Israel empfing, da es aus dem Diensthause geführt wurde, und noch den knechtischen Geist hatte, den es im Diensthause annahm, sondern nach der Anweisung Jesu, der einen kindlichen Geist seinem Volke mitgetheilt hat; auch sollen die Kinder nicht mehr angeleitet werden zu betrachten die Werke der Schriftgelehrten, die Zank und Zwietracht, Rotten und Aufruhr gebahren, sondern sie werden betrachten die Werke Gottes männiglich, und sich drob freuen, und preisen den allmächtigen, weisen und guten Herrn, der dies alles gemacht hat. Auch wird ihr Fürwitz nicht mehr gelenkt werden auf Dinge, die im Himmel sind, und die Niemand begreifen kann, als der vom Himmel kommen ist, sondern sie werden ihre Aufmerksamkeit richten auf das, was auf Erden ist.« Darauf ertönt die Stimme abermals und fordert: »Bringt herbey alle Vokabelbücher aus allerley Sprachen und Zungen, die eure Kinder auswendig zu lernen gezwungen wurden, und verbrennt sie mit Feuer. Denn dadurch ist die Liebe zur Weisheit, die ihnen der Schöpfer Himmels und der Erde einpflanzte, getödtet, und Haſs und Abscheu gegen alles Lernen beygebracht worden. Und von nun an wird man mehr lernen, was die Dinge sind, weder wie sie genannt werden. Und gleichwie zu Adam alle Thiere geführt wurden, daſs man sähe, wie er sie nennte, also werden die Kindlein auch erst die Sachen, hernach ihre Namen bekannt gemacht werden.« Über den ganzen Erdkreis entsteht auf diese Worte ein groſses Getümmel. Man bringt alle Bücher zusammen, von denen die Kinder bisher verwirrt worden sind, und es entsteht daraus ein Gebirge, das sich bis an das Mittelmeer erstreckt und dessen Spitze bis an den Himmel reicht. Man zündet es an und facht einen solchen Brand an, daſs ganz Europa mit den Funken und der Asche von Katechismen und Vokabeln bedeckt wird. Alles Volk frohlockt, und alle Kinder klopfen vor Freude in die Hände. Aber wieder erschallt die Stimme vom Himmel und spricht: »Bringt zu Haufe alle Stökke und Ruthen, mit denen zeither die unschuldigen Kinder gepeitscht und blutrünstig geschlagen wurden, daſs ihrer nicht mehr gedacht werde. Denn gleichwie die Blumen des Feldes, und die Vögel des Himmels und die Fische im Meer und alles Thier, das auf Erden kreucht, wächst und gedeihet und frölich ist, ohne dafs es geschlagen wird; also soll auch fortan der Mensch, der nach Gottes Bilde gemacht ist, wachsen, gedeihen und fröhlich seyn, ohne durch Schläge dazu gezwungen zu werden. Und fortan soll es nicht mehr geduldet werden, dafs die Kinder der Menschen, die zu Herren der Erde gemacht sind, geschlagen werden, wie im Aegyptischen Diensthause, sondern sie sollen frey seyn, und jeder wird in seinem Kinde erkennen das Bild Gottes, der es gemacht hat, und es hochschätzen und ehren.« Damit sind freilich nicht alle zufrieden. Aus dem Volke tritt einer hervor und spricht: »Siehe, deine Knechte, die zeither in den Schulen arbeiteten, vermochten nicht den unschuldigen[1]) Haufen zu zähmen, ob sie gleich mit Fäusten um sich schlugen und ihre Hände bewafnet hatten mit Stökken und Ruthen. Wo sollen wir denn bleiben, wenn unsre Waffen uns entrissen werden! Deine Knechte werden ausgezischt und gesteinigt und mit Erdklösen geworfen werden. Darum wollest du mein Angesicht nicht beschämen, und deinen Knechten erlauben, förderhin sich gegen die Mishandlungen der Jugend zu bewafnen mit Stökken und Ruthen.« Doch die Stimme antwortet ihm zorniglich: »Siehe, du bist auch einer von denen, die die unschuldigen Kindlein verderbt haben, und deine Sprache verräth dich. Solltest du dich nicht schämen, einen unschlachtigen Haufen zu nennen die unschuldigen, die Gott gemacht hat? Siehe, du selbst, und diejenigen, die deines Gleichen sind, sind es, die die Werke Gottes verderbt haben. Bessert an euch, so werden auch eure Kinder besser werden. Lernt euch regieren, so werdet ihr leicht auch die Kinder regieren. Lafst sie nicht handeln nach den Satzungen der Menschen, sondern nach den Weisungen ihres Schöpfers, die in ihr Herz geschrieben sind, so werden sie williglich folgen, und sie werden euch lieben

---

[1]) Jedenfalls ein Druckfehler. Nach dem folgenden mufs es heifsen »unschlachtigen«.

und küssen, und um euch tanzen, wenn ihr fortan aufhöret, sie zu peitschen und zu raufen und mit Fäusten zu schlagen.« Da bringt denn das Volk alle Stöcke und Ruten herbei, wirft sie auch hinein ins Feuer und vermischt ihre Asche mit der Asche der Katechismen und Vokabeln. Und der ganze Erdkreis preist den Herrn mit lauter Stimme. »Und ich wandte mich und sahe, und siehe, alle Lehrer bemüheten sich wegzustreichen alle Runzeln, die zeither ihr Angesicht unfreundlich und mürrisch gemacht hatten, und ihre Blikke wurden heiter, wie die Sonne in ihrem Aufgange. Und sie mischten sich in die Gesellschaften der Kinder, und liefen mit ihnen nach dem Ziele, schlugen mit ihnen den Ballen, und lehrten sie treiben den Kräusel. Defs freueten sich die Kinder fast sehr, und schlangen ihre Arme um ihre Hälse und herzeten sie und küfsten sie. Auch sahe ich herbeyführen grofse Lastwagen voll Aepfel und Birn und Nüsse, und Semmelmehl, um daraus zu bakken allerley köstliches und liebliches Backwerk, und Aepfel und Birn und Nüsse wurden gegeben je zwier und zwier, denen, die am willigsten waren, zu hören auf die Stimme ihres Lehrers, dazu auch allerley köstliches und liebliches Backwerk. Und alle Kinder beeiferten sich zu hören die Stimme des Lehrers, und wegzuthun, was in seinen Augen misfällig war. Und ich sahe die Lehrer mit ihren Schülern durchwandeln die Felder, und erstiegen die Berge und besahen die Blumen des Feldes, und Vögel des Himmels und die Fische im Wasser, und alles Thier, das auf Erden kreucht, und alle Werke, die der Herr Herr gemacht hat. Und sie kehrten wieder zurück, und freueten sich ob alles dessen, das sie gesehen und gehört hatten« (III, 282 fg.). Besonders hervorheben möchten wir, wie Salzmann den Unterricht in den klassischen Sprachen zu reformieren gedenkt. Er will diesen Unterricht nicht etwa beseitigt wissen, sondern will ihn nur einschränken. Erlernung des Lateinischen und Griechischen hält er für nötig, aber nur deshalb, weil das Verständnis der alten Sprachen für die gelehrte Jugend den Schlüssel zu dem herrlichen Magazine gemeinnütziger Kenntnisse darstelle, das die deutschen und französischen Gelehrten gesammelt hätten (V, 219). Er will also, daſs neben den Alten auch die Neueren zu ihrem Rechte kommen. Daraus ergiebt sich von selbst, in welchen Punkten Salzmann den klassischen Unterricht einschränken möchte: er will vor allem das Lateinschreiben aus den Schulen verbannen. In einem Traume, in dem Karl von Karlsberg sieht, wie alles Elend und alle Unvernunft aus der Welt vertrieben wird, vernimmt er auch eine Stimme, die ruft: »Bringt herbey den *Nizolium* und *Heineccii fundamenta styli cultioris,* und alle Anweisungen zum zierlichen Lateinschreiben! Denn es kommt die Zeit, da man nicht mehr Worte, sondern Sachen lernen, und man nicht mehr weise nennen wird den, der zierlich Latein schreiben kann, sondern den, der die Wahrheit lieb hat und recht thut« (II, 200). Weiter will Salzmann den Unterricht in den klassischen Sprachen eingeschränkt wissen, weil das Gefühl der Alten für das moralisch Schöne oder für das Schöne in den Gesinnungen bei weitem nicht geläutert genug sei, als daſs sie in dieser Hinsicht unserer Jugend zum Muster dienen könnten. Endlich verlangt Salzmann, daſs dem Unterrichte in den Sprachen der Unterricht in den Sachen vorausgehe, daſs man, ehe man die Alten lese, zuvor das Buch der Natur studiere. Den Obersten von Brav läſst er an den Rektor Californius schreiben: »Daſs die Alten schön und stark geschrieben haben, weiſs ich, ob ich schon seit vielen Jahren *Ovidium, Horatium* und *Virgilium* nicht gelesen habe, und daſs das, was die mehresten unserer Neuen schreiben, dagegen wahre Schmiererey ist, weiſs ich auch. Aber die Alten waren auch der Natur vertraute Freunde, hatten selbst das Roſs wiehern gehört, und seine sträubenden Mähnen gesehen, waren selbst Augenzeugen gewesen von den Wellen des Oceans, der Unschuld des Schäferlebens, und hatten zugesehen, wie der Bauer seine vaterländischen Furchen pflügte. Deswegen schrieben sie so schön und stark. Ihr Herren hingegen versteht gemeiniglich von dem allen nichts, ihr zittert, wenn ein Roſs wiehert, habt nie das Meer gesehen, noch den Menschen in seinen mannigfaltigen Verhältnissen beobachtet, grabt euch unter die Alten ein, und schmiert eure Bücher in euren Studierlöchern, bey einer Schale Kaffee, und einer Pfeife Tabak. Was kann da kluges heraus kommen? Das Buch der Natur ist das Buch, das Gott selber geschrieben hat, gegen den ich mehr Achtung als gegen alle Ihr alten Graubärte, habe. Das ist voll von Weisheit. Das muſs der Mensch von Jugend auf erst buchstabieren, dann lesen, und endlich studieren. Versteht er dies, so kann er nebenher, wenn seine Geschäfte es erlauben, auch die Alten lesen — und dann erst wird er sie lesen können, da eure Jungens, vielleicht ihr selbst, die Alten nur exponiren. Die schönsten Stellen der Alten sind doch nur Kopie der Natur. — Wie kann man denn von der Kopie urtheilen, wenn man das Original nicht kennt?« (I, 162 und 163.) Wenn man Salzmann entgegenhält, daſs aber doch die griechischen und römischen Dichter die Muster des guten Geschmacks seien, nach denen sich die Neueren bilden müſsten, so fragt er: »Welches waren denn die Muster, nach welchen sich die Griechen und Römer bildeten?« Wenn wir groſse Dichter haben wollen, führt er aus, so müssen wir wünschen, daſs unser Volk wieder zu der Quelle zurückkehre, aus der alle groſsen Dichter geschöpft haben, zur Natur. Bilden wir uns nur nach den Alten, so machen wir Kopieen von Kopieen und zeichnen nicht nach den Originalen. Darauf, daſs die Lektüre der Alten dichterische Talente entwickele, giebt er nichts. »Das Entwickeln des dichterischen Talents und des Wollusttriebes, durch Lectüre, scheint mir eines so schädlich als das andere zu seyn. Dieses macht kraftlose Menschen, jenes kraftlose Dichter. Wo wahres Dichtertalent ist, da äussert es sich von selbst, und eine kleine Veranlassung ist vermögend, es in Feuer und Thätigkeit zu setzen« (VI, 215).

Salzmann ist sich wohl bewußt, daß die Reformen, die er für nötig hält, nicht so bald durchgeführt werden. Er kennt die feindseligen Gesinnungen sehr wohl, mit denen zahlreiche Geistliche jeder Schulverbesserung begegnen, er kennt auch den Stumpfsinn der meisten Lehrer, an dem jeder Versuch einer Schulreform scheitert, nur zu gut, aber er lebt in dem festen Glauben, daß, wie alles Elend einst von der Erde verschwinden werde, so auch das Elend, das in den Schulen herrsche, endlich doch einmal weichen müsse.